HENRI DEMESSE

LES
PRÉLATS DE FRANCE

LIVRE D'OR DE L'EPISCOPAT FRANÇAIS

EN VENTE A LA LIBRAIRIE D'ART
125, BOULEVARD SAINT-GERMAIN, 125
PARIS

MDCCCLXXXIII

Son Em.ce le Cardinal Guibert
(Archevêque de Paris)

S. E. LE CARDINAL GUIBERT

ARCHEVÊQUE DE PARIS

Un de nos plus habiles portraitistes a écrit à propos du cardinal Guibert, archevêque de Paris : « Habillez ce prélat comme vous et moi et mettez-le en face d'un artiste, celui-ci dira : « Cet homme doit avoir une volonté de fer, une intelligence supérieure et quelque grand chagrin. »

Il est impossible de tracer d'une manière plus brève et plus complète à la fois un profil plus ressemblant. Ce portrait de l'archevêque de Paris a la mordante précision d'une eau-forte.

Je me suis trouvé, en mainte circonstance, face à face avec cette grande figure de l'épiscopat français, et, chaque fois, je me suis rappelé les quelques lignes plus haut transcrites, en constatant leur rigoureuse exactitude.

Oui! Le visage de ce prélat est empreint de tristesse profonde; mais, en même temps, de ce calme que donne la certitude d'une vie bien remplie, et de cette sérénité excessive, propre à tous les saints, dont le culte de Dieu a été l'unique préoccupation.

En effet, le cardinal Guibert ne souffre pas et ne craint rien pour lui-même. De là cette expression de tranquillité qui ne s'altère pas, même en ces temps troublés, où plus d'une fois pourtant il a dû songer, mais sans tressaillir, à ses prédécesseurs les martyrs : Mgr Affre et Mgr Darboy. Peut-être même a-t-il envié leur sort, en souhaitant, comme Mgr Affre, d'être la dernière victime. Cette tristesse morne qu'il porte en son cœur et qui, comme un ciel d'orage dans un ruisseau limpide, se reflète sur sa physionomie austère, lui vient des douleurs qu'il ressent comme chrétien et comme patriote.

Qu'il soit dans son palais, au fond de son cabinet de travail, où il se recueille dans la solitude et travaille sans relâche, malgré son grand âge, qu'il porte d'ailleurs allègrement, ou à Notre-Dame aux jours de fêtes solennelles, quand il officie en personne au milieu de la pompe archiépiscopale, le cardinal a toujours la même physionomie triste, sévère, sereine et majestueuse.

Une seule fois, j'ai vu ce visage tout resplendissant de joie. C'était à Passy, dans ce pensionnat catholique dirigé si habilement par le vénérable frère Libanos.

Le cardinal présidait une distribution de récompenses. On sait ce que sont ces fêtes de l'enfance, quel charme s'en dégage et comme on se sent heureux, comme on se repose un instant des amertumes de la vie, au milieu de tous ces visages qui, selon l'expression du poète, portent le printemps sur la joue. M. Chesnelong, le grand orateur chrétien, venait de prononcer un discours éloquent et plein d'images — la majorité de l'auditoire étant composée d'enfants dont il fallait frapper d'abord l'imagination ardente pour aller droit à l'âme.

Dans nos rangs pressés un long frisson d'espérance avait couru tandis qu'il nous parlait de la France meurtrie et de Dieu qui la sauvera...

Et, pendant que les applaudissements éclataient comme un flux montant de saluts à l'orateur ardent, convaincu, superbe et plein de foi, le cardinal Guibert se leva, ses yeux brillèrent, un ineffable sourire apparut une minute sur ses lèvres, — le prélat, en face de toutes ces têtes blondes avait eu, sans doute, la vision d'un avenir plein de clartés. Aussitôt un grand silence se fit... comme après la tempête hululante le calme absolu règne sur l'Océan... Debout dans la pourpre cardinalice, tête haute, le visage rayonnant entouré d'une auréole de cheveux blancs, Mgr Guibert nous sembla grandi, transfiguré... Il nous fit l'effet d'un prophète annonçant la fin de ses maux à tout un peuple qui souffre, et tous les fronts se courbèrent instinctivement, quand il leva sa dextre pour nous donner, au nom de son maître persécuté, la bénédiction du souverain pontife.

Son Éminence le cardinal Joseph-Hippolyte Guibert, archevêque de Paris, est né à Aix (Bouches-du-Rhône), le 13 décembre 1802.

Il fit ses premières études au séminaire diocésain de cette ville, dont il fut l'un des élèves les plus distingués; il acheva à Marseille et à Rome ses études théologiques et fut admis dans la congrégation des oblats de Marie Immaculée, dénommée à cette époque congrégation des missionnaires de Provence.

La congrégation des oblats de Marie Immaculée fut fondée en 1815 par l'abbé Charles-Fortuné de Mazenod, plus tard évêque de Marseille, et dont Mgr Guibert était l'élève et l'ami. L'abbé de Mazenod rédigea la constitution de cette société, approuvée par le pape Grégoire XVI, en 1826.

Les oblats doivent se consacrer :

1° Au ministère des missions paroissiales dans le diocèse ;

2° Aux soins spirituels accordés de préférence aux jeunes gens, aux pauvres et aux prisonniers ;

3° A la direction des grands séminaires et à l'enseignement de la théologie ;

4° Aux missions étrangères.

Le but principal de la congrégation est de créer des missionnaires de toutes nationalités qui vont prêcher la parole de Dieu dans l'univers entier. Elle a, jusqu'en Amérique, des maisons fondées par elle, et ses prêtres, aussi courageux que modestes, dévoués et fervents, font bon marché de leur vie, affrontent le martyre sans faiblir, en cherchant à évangéliser même les peuplades de l'Océanie ou de l'Afrique centrale. Plus d'un missionnaire oblat de Marie a trouvé une mort glorieuse, que ses frères lui ont enviée, dans ces lointaines contrées où ils avaient tenté de faire pénétrer, au nom de Dieu, la civilisation par la foi.

Mgr Guibert fut ordonné prêtre en 1825 par Mgr de Mazenod et nommé, fort jeune encore, supérieur de la maison de Notre-Dame-du-Laus, près de Gap (Hautes-Alpes).

La petite ville de Notre-Dame-du-Laus, située entre les montagnes de Préval et de Prémorel, possède une église remarquable, élevée, en 1667, à la mémoire d'une jeune bergère nommée Benoîte Rencurel, à qui la Vierge est apparue. Cette église est le but d'un pèlerinage célèbre depuis deux siècles dans les Alpes et les contrées environnantes. On y vient même de tous les points de la France.

Mis ensuite à la tête du grand séminaire d'Ajaccio, qui avait été fondé en cette ville en 1835, sous l'épiscopat de Mgr Casanelli d'Istria, Mgr Guibert s'acquitta fort habilement de sa tâche et servit si bien l'intérêt du diocèse, qu'il fut nommé en récompense de ses services, d'abord chanoine honoraire, puis vicaire général, en 1836, moins d'une année après son entrée en fonctions.

Par ordonnance royale du 30 juillet 1841, Mgr Guibert fut nommé évêque de Viviers, petite ville du département de l'Ardèche, qui eut jadis une importance considérable et dont l'église cathédrale, dédiée à saint Vincent, est justement classée au nombre des monuments historiques de la France.

Le nouveau prélat fut préconisé dans le consistoire du 24 janvier 1842, tenu par S. S. Grégoire XVI. Après avoir prêté serment au roi le 18 février, il fut sacré par Mgr de Mazenod, assisté de Mgr Chatrousse, évêque de Valence, et de Mgr Casanelli d'Istria, — dans l'église Saint-Cannat, à Marseille.

Mgr Guibert occupa pendant quinze années le siège épiscopal de Viviers. Allez en cette ville! Interrogez la population du diocèse et vous vous rendrez compte des bienfaits sans nombre que le prélat a répandus sur toute la contrée, où son nom a été conservé comme celui d'un héros légendaire. C'est que, comme le rappelait il y a deux ans Mgr Bonnet, successeur actuel de Mgr Guibert à Viviers, entre autres actes d'abnégation du digne évêque, « on le vit, entraîné par l'ardeur de sa charité, quand le choléra sévissait avec rage, en 1854,... dans les rues, au chevet des malades, sur tous les points où la désolation était plus grande et la contagion plus redoutable, prodiguant partout ses consolations et ses aumônes, tandis que ses prêtres l'avaient suivi sur ce champ de bataille de la charité où les conviait son exemple et où plusieurs tombèrent victimes de leur zèle. »

Mgr Bonnet écrivait encore à ce propos, en adhérant à la lettre du cardinal Guibert, relative au service militaire :

« Ce qu'ils firent dans cette douloureuse circonstance, ils (les prêtres) le feront avec le même élan toutes les fois qu'un malheur public ou une infortune privée solliciteront leur dévouement. Et, certes, une vie qui se dépense tout entière au service des autres devrait paraître une compensation suffisante à cette année de service militaire dont nous réclamons l'exemption. »

Mgr Guibert établit à Viviers une caisse de retraite pour les prêtres infirmes. Il fit restaurer le petit séminaire d'Aubenas, établit dans tout son diocèse des bibliothèques et introduisit la cause de Mme Marie-Anne Rivier, qui avait créé une congrégation de sœurs dites de la Présentation de Marie, et qui, morte en février 1838, est aujourd'hui béatifiée.

Mgr Guibert fut ensuite désigné pour occuper, à la place du cardinal Morlot, appelé à l'archevêché de Paris, le siège archiépiscopal de Tours. Nommé le 4 février 1857, il fut préconisé dans le consistoire du 19 mars, et reçut le sacré pallium des mains de Mgr Morlot, à Paris, dans la chapelle des Lazaristes.

On sait que le tombeau de saint Martin, le fondateur du premier monastère chrétien dans les Gaules, avait été érigé dans la célèbre basilique de Tours; Mgr Guibert demanda, pendant qu'il occupait le siège archiépiscopal de cette ville, la reconstruction au moins partielle de cette basilique et le rétablissement du tombeau de saint Martin à l'endroit même où il s'élevait naguère. L'archevêque obtint l'autorisation demandée, il organisa une souscription qui s'élevait à plus d'un million lorsque Mgr Guibert quitta Tours pour venir à Paris.

Quand parut en 1864 le syllabus, tous les journaux antireligieux l'attaquèrent en le défigurant, et, le gouvernement de Napoléon III ayant interdit aux évêques la promulgation de la bulle du pape, l'archevêque de Tours protesta énergiquement contre cette interdiction qui laissait tout droit aux détracteurs sans permettre à la défense de s'élever contre eux.

La lettre qu'il écrivit à cette occasion est des plus remarquables, ainsi que les mandements qu'il publia pendant qu'il occupait le siège de Tours ; citons, parmi les principaux, ceux qui traitent, des excès de la révolution contre les États de l'Église ; des désordres des temps ; des dangers actuels de l'Église ; des suites funestes de la désertion des campagnes, etc., etc.

Pendant la désastreuse campagne de 1870-1871 et le siège de Paris, le gouvernement de la Défense nationale, représenté par MM. Crémieux et Glais-Bizoin, s'étant transporté à Tours, où Mgr Guibert donnait l'exemple du plus ardent patriotisme, la délégation du gouvernement fut reçue au palais archiépiscopal. Ici se place un incident qu'il est bon de relater :

On a dit que le prélat avait serré la main du chef de bandits Garibaldi, venu à Tours, le 10 octobre, à la tête de sa bande de pillards. Voici la vérité sur ce fait, contre lequel l'archevêque crut devoir protester : M. Crémieux, israélite et républicain, avait pu apprécier, pendant qu'il était l'hôte de Mgr Guibert, la grandeur de son caractère, et l'honorait comme il convient. Quand le prélat apprit la prochaine arrivée de Garibaldi à Tours, il dit aux membres du gouvernement, avec une fermeté qui leur en imposa, que si cet homme mettait les pieds dans son palais, il en sortirait, lui, ostensiblement et avec éclat. M. Crémieux respectait trop son hôte pour aller contre ses volontés. Garibaldi vint à Tours, mais il ne vit pas Mgr Guibert.

On a de ce prélat une lettre fort curieuse, — qui restera comme un précieux document historique, — écrite aux membres du gouvernement, sur l'ordre de S. S. Pie IX, pour leur demander la cessation de la guerre à outrance qui devait si complètement désorganiser notre malheureux pays. Le pape, de son côté, avait écrit en ce sens à l'empereur Guillaume, mais aucune de ces démarches n'aboutit, chacun le sait du reste et le déplore.

La guerre terminée et la Commune vaincue, Mgr Guibert fut nommé archevêque de Paris, en remplacement de Mgr Darboy, par arrêté de M. Thiers, chef du pouvoir exécutif.

Le prélat se plaisait à Tours. Il refusa d'abord et n'accepta que lorsqu'on lui eut démontré que le poste était périlleux, trois de ses prédécesseurs ayant succombé tragiquement, victimes de leur charité chrétienne, de leur patriotisme et de leur abnégation.

Il fut préconisé le 27 octobre 1871 et prit possession de son siège un mois après, date pour date.

Depuis son installation à Paris, entre autres grandes œuvres, Mgr Guibert s'est activement employé à l'érection de l'église votive du Sacré-Cœur, dont il a fait lui-même l'historique dans une lettre publiée le 11 juillet 1882 et adressée à MM. les membres de la commission chargés d'examiner le projet de loi de M. Delattre. On sait que ce projet tend à l'abrogation de la loi du 24 juillet 1873, consacrant le caractère de l'œuvre du vœu national et donnant à Mgr l'archevêque de Paris les facilités nécessaires pour l'acquisition des terrains et la construction de l'église votive du Sacré-Cœur sur les hauteurs de Montmartre.

Cette construction s'élève à l'endroit même où saint Denis, premier évêque de Paris, eut la tête tranchée au « Mont des Martyrs ». C'est là également que les généraux Lecomte et Clément Thomas furent assassinés par les insurgés de 1871.

« Il y a douze ans, dit Mgr Guibert dans sa lettre à M. Delattre, au plus fort de nos malheurs publics, quelques Français pieux eurent la pensée d'intéresser le Ciel par un *vœu* au salut de la patrie. Depuis lors, aux calamités de la guerre étrangère s'étaient ajoutées les horreurs de la guerre civile. Quand je vins occuper le siège de Paris, la paix était rendue au pays, mais les traces sanglantes de nos malheurs étaient partout visibles, et la capitale surtout offrait un spectacle de désolation. Tandis que, secondé par la charité des fidèles, je travaillais pour ma part à panser tant de blessures, je reçus la visite des auteurs du vœu qui venaient me demander de le confirmer et de l'accomplir en élevant dans Paris, avec le concours de toute la France chrétienne, un temple au Dieu qui est l'inspirateur de la charité et de la concorde.

« La grandeur de l'entreprise m'effrayait ; mais l'idée, à peine exprimée, trouva dans les cœurs un tel écho, que je ne pus me soustraire à tant de sollicitations, appuyées des plus généreuses offrandes.

« La nécessité d'assurer dans l'avenir la propriété et la destination sacrée de l'édifice, qui devait être élevé par l'initiative privée, m'obligea seule de recourir à la puissance publique.

« J'obtins le concours de l'Assemblée nationale, non hâtivement et par surprise, mais après de mûres délibérations. La lettre par laquelle j'engageais l'affaire est du 5 mars 1873 ; elle fut adressée à M. le ministre des cultes et reçut du gouvernement de M. Thiers un accueil favorable. Le projet de loi fut concerté entre le gouvernement et la commission avant le 24 mai. La discussion ne put avoir lieu que plus tard; elle occupa deux séances, l'opposition put s'y produire librement, et le scrutin final donna au projet 382 voix contre 138, sur 520 votants, c'est-à-dire 244 voix de majorité.

« Ainsi est née l'œuvre de Montmartre, dans un moment où tous les esprits étaient préoccupés des moyens de réparer les désastres inouïs que nous venions de subir. Il faut vouloir se tromper soi-même pour voir une pensée politique là où il n'y avait qu'une pensée chrétienne, patriotique, étrangère à tout esprit de parti, uniquement inspirée par le désir de revoir notre France grande et prospère.

« Déposséder l'archevêque de Paris, arrêter l'œuvre qu'il a accepté la mission de poursuivre, ce serait blesser profondément le sentiment de toute la France chrétienne, car c'est la France entière qui concourt à l'érection de notre monument. Les humbles offrandes des personnes du peuple forment de beaucoup la partie la plus considérable de la souscription. Qu'on en juge par le nombre des souscripteurs!

« Pour le diocèse de Paris seulement, il s'élève à près de deux cent cinquante mille, et pour toute la France à plus de trois millions cinq cent mille. Voilà certes un plébiscite spontané et significatif. Chaque vote est appuyé d'une offrande volontaire, qui en constate la sincérité. Et c'est à ce peuple de croyants que vous diriez : Dans toutes les affaires du pays vous êtes souverains, vos volontés font loi ; ici, parce qu'il s'agit d'une pensée religieuse, vos suffrages n'ont plus aucune valeur! Pourrait-on affirmer plus clairement qu'on a fait et qu'on veut maintenir une République fermée où les chrétiens ne puissent entrer? Et c'est ainsi que l'on croirait recommander le régime nouveau à l'estime et au respect des Français ! »

Quel magnifique langage! Comme tous les cœurs des vrais Français : des chrétiens, frémissent d'allégresse à la lecture de cette lettre si digne, si nette, si précise, si sincère! Nous verrons bien s'ils osent nous déposséder, nous, les catholiques fervents, et si cette minorité d'athées fera la loi à la majorité du pays qui croit en Dieu et le prie avec ferveur en attendant l'heure de la délivrance!...

L'œuvre du Sacré-Cœur a reçu la bénédiction du pape Pie IX, qui, par bref du 20 février 1855, l'a érigée en archiconfrérie. Ah! ce fut une magnifique fête que celle qui fut donnée à Montmartre

NOTRE-DAME
CATHÉDRALE DE PARIS

le 15 juin 1875, lors de la pose de la première pierre de l'église votive. Toutes les rues conduisant au sommet de la butte étaient, dès huit heures du matin, garnies d'une double haie de curieux. Dans le chœur de la petite église avaient pris place S. E. le nonce apostolique, Mgr Dupanloup, les archevêques et évêques de la Nouvelle-Orléans, d'Alger, de Chartres, Mgr Freppel, Mgr Surat, Mgr Marguerye et plusieurs évêques missionnaires. Dans la nef se trouvaient MM. le marquis de Gouvello, le marquis de Plœuc, de Belcastel, de Lorgeril, de Carayon-Latour, de Larcy, du Temple, Keller, marquis de la Roche-Thulon, amiral de Dompierre d'Hornoy, Jean Brunet, d'Aboville, Baragnon, Galloni d'Istria, de Kerdrel, de Mérode, de Melun, Pradié, etc.

Mgr Guibert descendit de voiture sur la petite place qui précède l'église. Le clergé de Saint-Pierre de Montmartre vint le recevoir : « Permettez-nous d'espérer, monseigneur, dit le curé, que vous serez appelé à couronner l'édifice dont vous venez poser la première pierre. »

Le prélat sourit et répondit avec bonhomie : « Le pape seul est nécessaire à l'Église. Sa longévité est un miracle dont il faut rendre grâce au ciel, en demandant qu'il soit continué longtemps. »

Après la cérémonie religieuse l'archevêque prononça un fort beau discours dont la péroraison fut développée sur ce thème : Bienheureux les miséricordieux, ils deviendront les maîtres du monde.

Puis on procéda à la pose de la première pierre.

Mgr Guibert prit avec une truelle d'argent un peu de mortier et l'étendit sur la pierre, après quoi tous les prélats présents l'imitèrent. Quand ce fut le tour de Mgr Dupanloup, le regretté évêque d'Orléans dit :

— Je mets beaucoup de mortier pour que l'édifice soit très solide.

L'enthousiasme pour l'œuvre fut grand parmi les fidèles. L'argent afflua de toutes parts. Les constructions avancèrent rapidement, de telle sorte que l'archevêque put dire pour la première fois la messe dans l'église souterraine au mois de juin 1881.

Aujourd'hui la construction colossale est dégagée déjà ; on la voit de tout Paris. Jusqu'ici la lanterne du Panthéon était considérée comme le point culminant des monuments de Paris. La construction de la basilique la dépasse dès maintenant. Tous les diocèses de France ont envoyé leur offrande : Saumur, Chartres, Nancy,

Perpignan, Carcassonne, Besançon, Aix, Blois, Rodez, Toulouse, Poitiers, Coutances, Versailles, Tours, Saint-Claude, cinquante autres villes.

Oui, c'est bien là l'œuvre du vœu national ! C'est bien la France catholique qui aura construit cet édifice de rédemption !

La crypte, qui est achevée, peut contenir plus de cinq à six cents personnes. Mgr Guibert y a marqué le lieu de son tombeau, qui sera érigé dans la chapelle des morts, sur laquelle s'élèvera la coupole qui constituera le couronnement de l'édifice.

A la date du 30 novembre dernier, le chiffre des souscriptions s'élevait à 11,815,496 fr. 82 c., et le chiffre des dépenses, à 11,543,939 fr. 27 laissant une différence disponible de 271,575 fr. 65.

Voilà une grande œuvre, certes, dont la France chrétienne tout entière doit être reconnaissante au vénérable prélat, car c'est grâce à ce vœu national que nous fléchirons Dieu et que nous obtiendrons pour notre pays le pardon de nos fautes !...

Le 22 décembre 1873, Mgr Guibert reçut le chapeau de cardinal. Il fait partie, en cette qualité, de l'ordre des prêtres du titre de Saint-Jean-devant-la-Porte-Latine, de la Congrégation des évêques et réguliers, de celle du Concile, de la Propagation et de l'Index.

Le cardinal-archevêque de Paris est comte romain, assistant au trône pontifical, chanoine d'honneur d'Aix, de Viviers, d'Auch, d'Ajaccio, de Tours, de Gap et de Laval. Officier de la Légion d'honneur depuis le 11 avril 1859, il avait été créé chevalier le 3 avril 1853.

Ses armoiries sont :

D'azur à un lion d'or et à la brebis d'argent, affrontés, surmontés de la croix du Calvaire de ce dernier émail, avec les initiales O. M. I. *(Oblatus Mariæ Immaculatæ)*.

Le palais de l'archevêché de Paris est une construction lourde, massive, peu intéressante au point de vue artistique. C'est dans ce palais que Mgr de la Bouillerie, décédé récemment, naquit. Sa famille, qui avait un poste à la cour de Charles X, l'habitait sous le règne de ce roi.

Situé entre une cour assez grande, bordée de bâtiments qui

servent de communs, et un jardin planté de grands arbres, le palais archiépiscopal a sur la cour une façade assez curieuse au point de vue architectural.

Au rez-de-chaussée se trouvent plusieurs salons bien décorés et contenant plusieurs toiles données par l'empereur Napoléon III à l'archevêque de Paris. La plupart représentent des prélats et quelques-unes des scènes empruntées à des sujets religieux. On y remarque un portrait de Mgr Morlot par Court et un portrait de Mgr Sibour par Lehman.

C'est dans ces salons, dont l'un, demi-circulaire, donne de plain-pied dans le jardin, que Mgr Guibert reçoit, le 1er janvier, les délégations d'ouvriers des ateliers et manufactures de Paris qui viennent, à l'occasion du renouvellement de l'année, lui apporter leurs hommages au nom de leurs camarades. C'est également là qu'il reçoit quotidiennement les députations des membres du clergé, des cercles catholiques, etc., etc.

Les appartements du cardinal sont situés au premier étage du palais. On y arrive par un grand escalier de pierre avec rampe en fer forgé d'un beau travail. Au sortir de la vaste antichambre, meublée de fauteuils et de chaises tendus de velours vert, on pénètre dans un salon d'attente dont les panneaux principaux sont ornés de tapisseries des Gobelins anciennes, admirablement conservées et éblouissantes encore de couleurs vives et merveilleusement fondues dans un ensemble de tons très chauds à l'œil. Elles représentent la *Pêche miraculeuse* et le *Christ devant ses disciples,* disant à saint Pierre les fameuses paroles : « Vous êtes Pierre, et sur cette pierre je fonderai mon Église, et les portes de l'enfer ne prévaudront pas contre elle. »

Dans ce salon se trouvent encore deux portraits, l'un de Mgr Guibert, l'autre de Mgr de Quélen, et deux bustes, l'un de Pie IX et l'autre de Mgr Darboy. On y voit aussi, sur une console, sous globe, la barrette de cardinal donnée à Mgr Guibert par Sa Sainteté Léon XIII.

Un autre grand salon où le soir l'archevêque reçoit ses familiers sépare la salle à manger du cabinet de travail. Ces trois pièces prennent jour sur le jardin. Le cabinet de travail du prélat est vaste, bien éclairé, demi-circulaire, tendu de vert et assez modestement meublé. Plusieurs grandes bibliothèques bourrées de livres occupent le fond de la pièce. Presque au milieu, proche de la cheminée, qui porte une pendule en bronze et marbre très simple et quelques statuettes, est installé le bureau de travail, couvert de papiers, de lettres, de brochures, de livres, de plans de l'église votive. A la gauche se trouve une statuette, haute d'environ 60 centimètres, représentant le Sacré Cœur de Jésus.

La salle à manger est grande. La lumière y pénètre mal, empêchée par d'immenses et lourdes tentures. Aux murs sont suspendus les portraits de tous les archevêques de Paris, copies exécutées d'après des tableaux du temps. Voici la liste complète des prélats qui ont occupé le siège archiépiscopal de Paris :

Jean-François de Gondi, qui fut le dernier évêque de Paris, et qui prit le siège archiépiscopal quand l'évêché fut érigé en archevêché, le 19 février 1623.

Jean-François-Paul de Gondi, cardinal de Retz, qui lui succéda et occupa le siège du 21 mars 1654 au 15 février 1662.

Pierre VI de Marca, du 26 février au 29 juin 1662.

Hardouin de Péréfixe de Beaumont, de juillet 1662 au 1er janvier 1671.

François de Harlay de Champvallon, de janvier 1671 au 6 août 1695.

Louis-Antoine, cardinal de Noailles, du 19 août 1695 au 4 mai 1729.

Charles-Gaspard-Guillaume de Vintimille du Luc, du 12 mai 1729 au 13 mars 1746.

Jacques Bonne Gigault de Bellefonds, de mars 1746 au 20 juillet 1746.

Christophe de Beaumont du Repaire, de août 1746 au 12 décembre 1781.

Antoine-Éléonore-Léon Le Clerc de Juigné de Neuchelles, du 23 décembre 1781 à 1790.

Jean-Baptiste, cardinal du Belloy, de 1802 au 10 juin 1808.

Jean Siffrein, cardinal Maury, du 14 octobre 1810 à 1813.

Alexandre-Angélique, cardinal de Talleyrand-Périgord, du 1er octobre 1817 au 20 octobre 1821.

Hyacinthe-Louis de Quélen, coadjuteur du précédent, du 20 octobre 1821 au 31 décembre 1839.

Denis-Auguste Affre, du 26 mai 1810 au 27 juin 1848.

Marie-Dominique-Auguste Sibour, du 15 juillet 1848 au 3 juin 1857.

François-Nicolas-Madeleine MORLOT, cardinal, du 24 janvier 1857 au 29 décembre 1862.

Georges DARBOY, du 10 janvier 1863 au 24 mars 1871.

Et, enfin, Jean-Hippolyte GUIBERT, cardinal, du 19 juillet 1871.

Tous les jours Mgr Guibert dit sa messe à huit heures précises dans la chapelle de l'archevêché, puis il passe dans son cabinet de travail où il demeure jusqu'à l'heure du déjeuner, qui dure fort peu de temps, car le cardinal est pressé de prendre sa récréation quotidienne.

Le repas n'est pas achevé encore, que, par leurs gazouillements réitérés, les oiseaux du cardinal réclament leur déjeuner. On ouvre une des fenêtre de la salle à manger, Mgr Guibert s'approche portant un gros pain. Au dehors, une nuée d'oiseaux, accoutumés à cette distribution de chaque jour, voltigent en chantant : pierrots, ramiers, merles, hôtes du jardin archiépiscopal où ils vivent en liberté, se pressent, se poussent, se battent, sautillent, se perchent sur les branches des arbres les plus proches et même viennent picorer jusque dans la main du prélat, qui prend un plaisir excessif à ce divertissement.

Été comme hiver, par la chaleur torride ou par le froid le plus intense, le cardinal paraît à la même heure à sa fenêtre et jette du pain à ses oiseaux, et cela forme bien le plus adorable spectacle qui se puisse voir — ce vénérable vieillard oublieux un instant, devant ce peuple emplumé, des graves soucis qui lui incombent.

On a de Mgr Guibert, indépendamment de ses lettres sur les questions d'actualité, auxquelles dans son zèle pastoral le pieux prélat a cru devoir mêler sa voix autorisée, deux volumes : *Œuvres pastorales*.

Ses lettres ont été publiées dans la *Collection des Orateurs sacrés* de l'abbé Migne (2e Série, tome XVI).

La carrière de ce prélat fut en quelque sorte une longue lutte durant laquelle il ne se servit que de deux armes: la prière et la foi. Il a toujours marché dans la vie en essayant de combattre le mauvais esprit qui, de plus en plus, a envahi les foules depuis un demi-siècle, cherchant à détruire toutes les croyances et démoralisant les nouvelles générations au nom de la science et du progrès. Le pieux évêque doit avoir le cœur ulcéré ; mais il espère. Il a souffert et il souffre ; mais il prie et laisse passer le temps, convaincu que ses prières seront entendues et que tôt ou tard la main de Dieu se montrera.

Avec le vénérable archevêque, nous prions, et avec lui nous espérons. La France, fille aînée de l'Église, ne périra pas.

AUTOGRAPHE DE MONSEIGNEUR GUIBERT

Le très humble et obéissant serviteur
† J. Hipp. Cardinal Guibert arch. de Paris

www.ingramcontent.com/pod-product-compliance
Lightning Source LLC
Chambersburg PA
CBHW060859050426
42453CB00011B/2023